LOS PELUDOS

Jaume Sañé y Cristina Broquetas

LOS PELUDOS

¡A ver si la sabes! ¿Qué tienen en común los gatos, los leones, los ratones, las ballenas y los murciélagos? De acuerdo... quizás las ballenas y los murciélagos despistan un poco. Pero... ¿qué tienen en común los demás?

...¡Los pelos!

Todos los mamíferos tienen pelo y... solo los mamíferos tienen. O sea que si deseas saber si un animal es mamífero, búscale los pelos...

Pero... ¿por qué tienen pelos?
Los animales tienen pelos para...

¿Estás preparado para conocer los animales con el pelaje más guapo y sorprendente del planeta? ¡Pasa página!

1 BALLENA

Ballena gris

🚌 12-15 metros de longitud

🚛 26.000 - 31.000 kilos

A las ballenas, el pelo
no les sirve demasiado
porque viven en el mar.

Pero, hace millones de años,
sus antepasados
vivían en tierra firme.

Y allí el pelo lo utilizaban
para mantener el calor del cuerpo.

¡Ah! Y si vivían en tierra firme,
eso quiere decir que andaban.
¿Te imaginas una ballena con cuatro patas?

¡Las ballenas son
los mamíferos más
grandes del mundo!

Los cuatro pelos que les quedan son solo un recuerdo
de aquella época y por eso tienen tan pocos.
¡Pero son la prueba clarísima de que las ballenas son mamíferos!

2 León

Los leones son peludos de pies a cabeza para protegerse del frío.
Pero los machos, donde tienen más pelo es en la cabeza. ¿Por qué será?

¿Quizás porque tienen frío en la cabeza?
...¡Pues no!

¿Quizás para parecer más grandes?
Sí, porque así dan más miedo a los rivales.

León

 1,7-2,5 metros de longitud

 150-260 kilos

Pero lo más importante
de la cabellera es que...
los hace parecer más guapos.

Si tienen mucho pelo en la cabeza
significa que están sanos y fuertes...
y entonces las hembras
prefieren aparejarse con ellos.

En las familias de leones, las que salen a **cazar** son las **hembras**.

9

3 Rata topo desnuda

Las ratas topo desnudas solo tienen cuatro pelos...

Puesto que viven bajo tierra, no necesitan el pelaje para abrigarse.

Rata topo desnuda

 10 centímetros de longitud

 0,5-0,8 kilos

Y puesto que bajo tierra no hay luz, no necesitan ojos. Así que los tienen... enterrados bajo la piel.

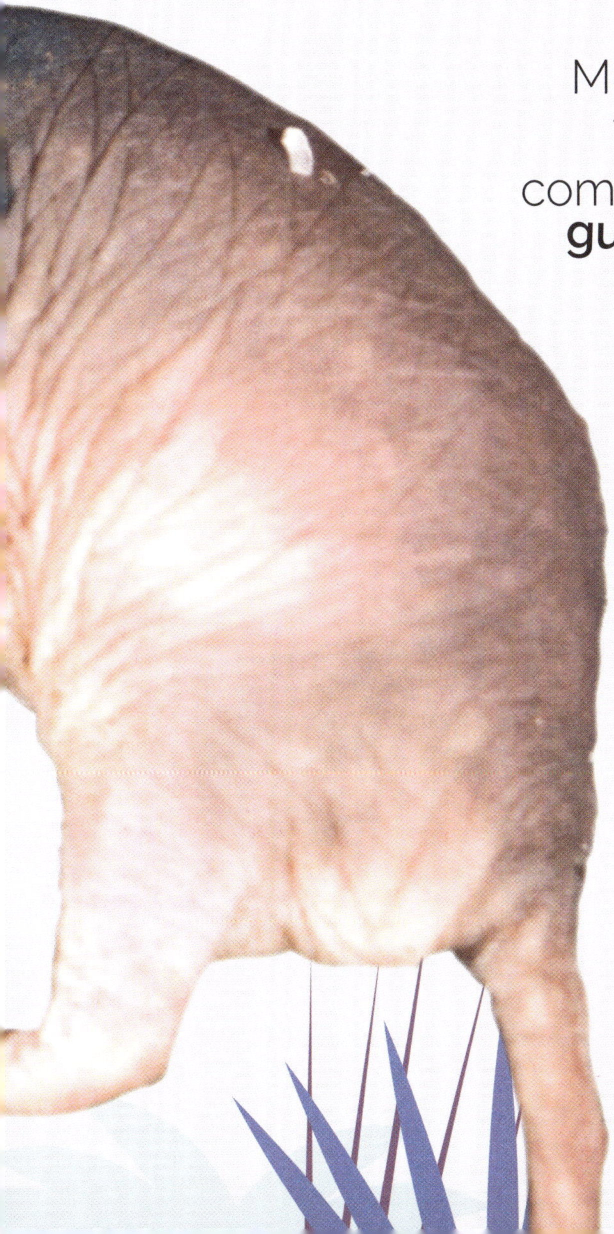

Muchos animales **nocturnos** tienen bigotes o vibrisas como las ratas topo para **guiarse** en la **oscuridad**.

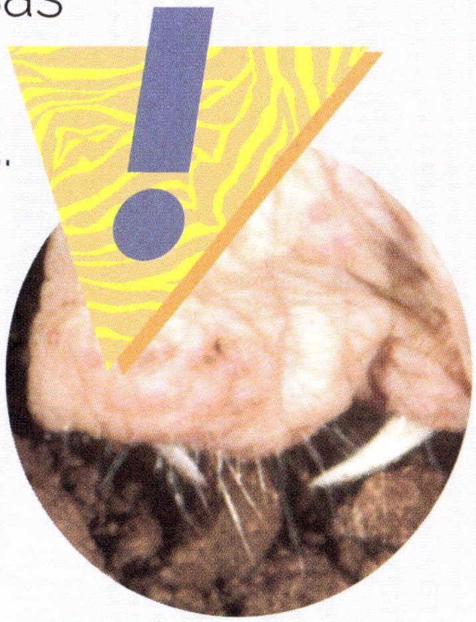

Entonces, ¿qué pasa? ¿Van chocando por todas partes? ¡Pues no! Las ratas topo se guían gracias al tacto de los pelos que tienen en los bigotes... o sea, las vibrisas.

CABALLO

Los caballos tienen un montón de pelajes diferentes: en el cuerpo, el pelo les protege del frío. Es largo y espeso en invierno, y más corto en verano.

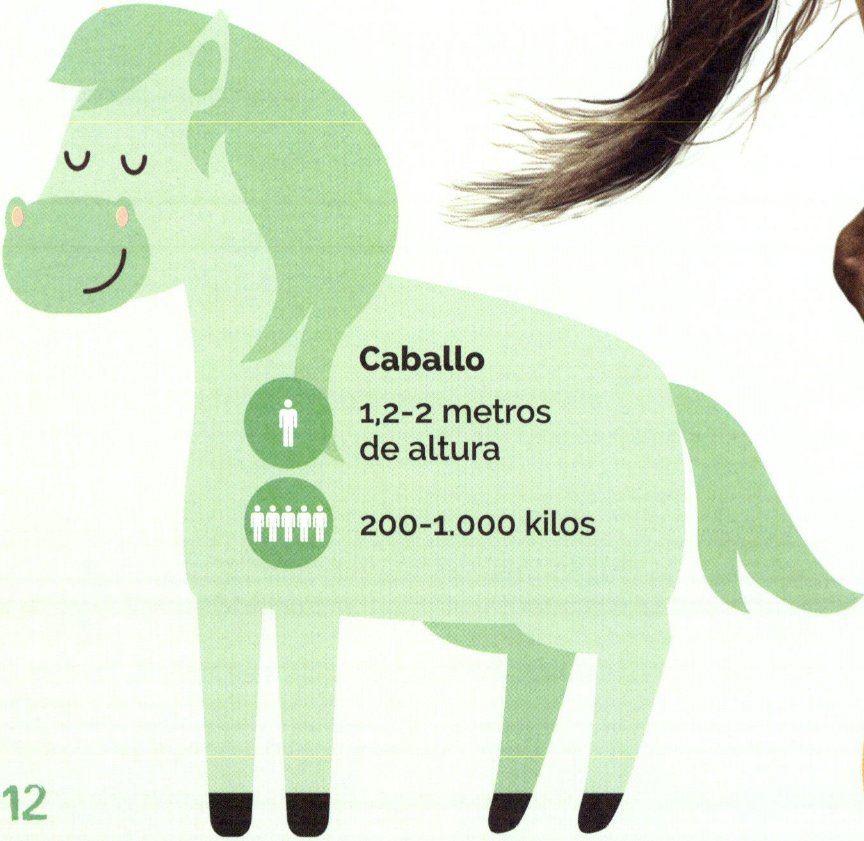

Caballo

- 1,2-2 metros de altura
- 200-1.000 kilos

¡En todo el mundo!

En las pestañas, los pelos son fuertes para proteger los ojos.

El pelaje de la crin los hace ser más guapos. Pero, además, les protege el cuello y la cabeza del calor y de la lluvia.

Los pelos de la cola también tienen una función: espantar a las moscas.

Los caballos pueden **dormir de pie**.

5 Erizo

Las púas de los erizos
en realidad son pelos endurecidos.

¿Y por qué prefieren púas en vez de pelos?
¡Para protegerse! Dado que son animales
muy lentos y no pueden huir corriendo,
llevan las púas encima para que no
se los coma ningún enemigo.

Erizo común

 23-30 centímetros de longitud

0,6-1,2 kilos

Cuando nacen, las púas son blandas y así no hacen daño a la madre ni a los hermanos.

Los erizos se pasan todo el inverno durmiendo en sus madrigueras.

Cuando ven que están en peligro se convierten en una especie de bola de púas y... nadie les molesta.

6 EQUIDNA

Los equidnas se parecen a los erizos, pero no son iguales...
¡Compáralos en la página anterior!

Los equidnas tienen las púas mucho más largas y gruesas.

Son unos expertos excavando para buscar comida (hormigas, termitas...) y cuando ven que están en peligro se entierran un poco bajo el suelo...

Equidna

 30-40 centímetros de longitud

 2-7 kilos

...levantan las púas como si se les pusiese la piel de gallina. ¡Y nadie se les acerca!

Las púas de los erizos y de los equidnas están hechas de queratina, o sea del mismo material que los cabellos.

A pesar de ser **mamíferos**, los equidnas ponen **huevos**. ¡Eso es rarísimo!

7 LLAMA

Las llamas viven en los Andes,
una cordillera de Suramérica donde
pueden estar a... más de 4.000 metros de altitud.

Y puesto que está tan arriba,
allí hace un frío terrible.

Las llamas, como todos los mamíferos,
conservan la temperatura
de su cuerpo con el pelaje.

Y puesto que ellas viven
en un lugar donde hace mucho frío,
tienen una lana superpotente.

La lana de las llamas
abriga mucho más que la de
las ovejas que tenemos aquí.

Las llamas son de
la misma familia
que los **camellos**.

Llama

 1,5-1,9 metros de altura

 110 kilos

8 CHINCHILLA

En la naturaleza, las chinchillas están en **peligro de extinción**.

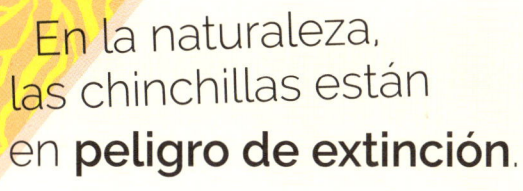

Las chinchillas viven en los Andes, como las llamas…

…y dado que allá arriba hace mucho frío, tienen muchísimo pelo para protegerse.

Las chinchillas son muy pequeñas, pero son los animales más peludos del mundo.

En un trocito ancho como un dedo, las chinchillas pueden tener… más de 20.000 pelos. ¡Eso es muchísimo!

Y puesto que tienen tanto pelo, no dejan espacio para las pulgas, ni piojos, ni ningún tipo de parásito. ¡Vaya suerte!

Chinchilla
- 25-35 centímetros de longitud
- 0,4-0,6 kilos

9 Orangután

Los orangutanes viven en la selva y allí hace mucho calor. Entonces, ¿para qué necesitan el pelo?

Puesto que en la selva llueve mucho, utilizan el pelaje para protegerse de la lluvia.

Así no se mojan la piel. Porque mojarse la piel es muy incómodo...

Y dado que no utilizan el pelo para abrigarse, con pocos pelos les basta.

! Los orangutanes solo viven en las islas de **Borneo** y **Sumatra**, en **Indonesia**.

Orangután

- 1,2-1,5 metros de altura
- 40-80 kilos

Y encima son pelirrojos.
¡Qué color tan original!

10 PEREZOSO

24

! Los perezosos tienen un nombre muy adecuado porque se pasan **20 horas** al **día**... **durmiendo**.
¡Eso es casi todo el día!

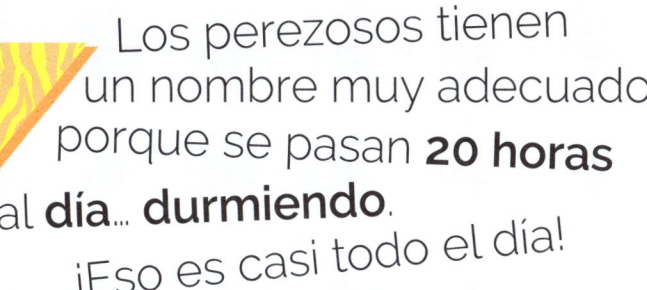

Los perezosos también viven en la selva y, puesto que allí llueve mucho, utilizan el pelo para no mojarse la piel.

Los perezosos se pueden pasar una semana entera colgados de los árboles sin bajar al suelo.

Por eso el pelo les crece del revés. ¡Tienen los pelos encarados hacia el suelo para que la lluvia resbale mejor!

Eso sí: traen un montón de parásitos...
...y por eso se tienen que rascar mucho.

Perezoso

 50-80 centímetros de altura

 4-7 kilos

ANIMAL DESAPARECIDO

TIRANOSAURIO REX

Dicen que se extinguió hace millones de años...
...pero en el Kukurota no hay
ningún animal que se nos resista.

¡El tiranosaurio rex era
un dinosaurio carnívoro
y un superdepredador!

¡La cabeza le medía un metro y medio!
Y puesto que tenía el cuello y la cabeza tan grandes,
también tenía una cola muy
larga y gruesa para equilibrar el peso.

Tiranosaurio rex

 5 metros de altura

 8.000 kilos

! **El argentinosaurio** y **el espinosaurio** aún eran **más grandes** que el tiranosaurio rex.

Lo que no tenía tan grande eran las patas delanteras. Quedan un poco descompensadas con las traseras, ¿no?

ACTIVIDADES

 Rodea los animales que son mamíferos... ¡Recuerda que todos los mamíferos tienen pelo y solo los mamíferos tienen!

 ¿De quién son estos pelos?

....

....

3 Une los puntos y descubrirás un animal que vivió hace millones de años en la Tierra.

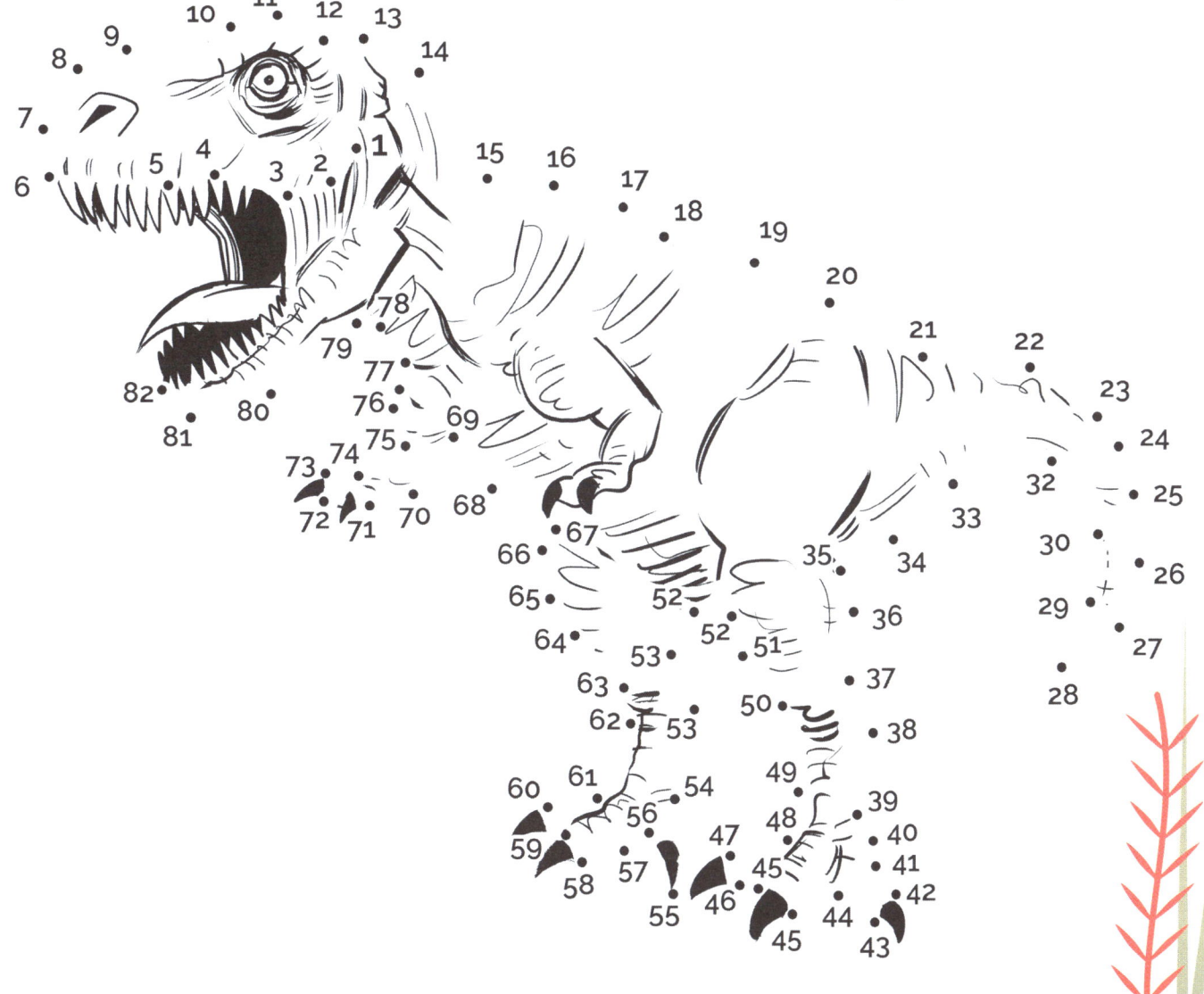

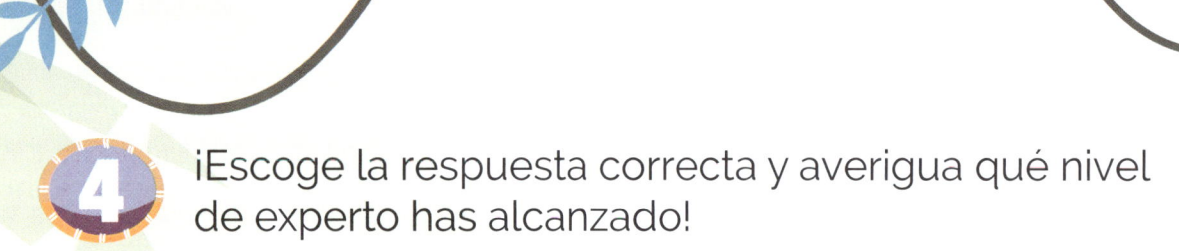

4 ¡Escoge la respuesta correcta y averigua qué nivel de experto has alcanzado!

1 ¿Para qué sirven las cabelleras de los leones?
a) Para estar más guapos.
b) Para estar más guapos y parecer más grandotes.
c) Para reconocerse entre ellos por su peinado.

2 ¿Qué tipo de animales son las ballenas?
a) Peces.
b) Mamíferos.
c) Unos animales muy grandes que tienen cuatro patas.

3 ¿Por qué tienen pelo algunos animales?
a) Para calentarse cuando hace frío.
b) Por muchos motivos: conservar la temperatura del cuerpo, protegerse de la lluvia…
c) Porque son unos vagos y nunca se lo cortan.

RESULTADOS

Si has acertado **3**... tienes un
NIVEL "CRACK DEL KUKUROTA"

¡Enhorabuena! Se nota que te encantan los animales y que eres un fan de los libros del Kukurota. Solo te falta saber comunicarte con los animales para convertirte en uno de verdad.

Si has acertado **2**... tienes un
NIVEL "BESTIA SALVAJE"

¡Muy bien! Te gusta el mundo salvaje y cada día sabes un poco más. Sigue los libros del Kukurota y cada día aprenderás un poco más a hacer el animal.

Si has acertado **1**... tienes un
NIVEL "ANIMAL DE COMPAÑÍA"

Te interesan los animales, pero todavía no los conoces lo suficiente. ¡Ánimo! ¡Estate atento a los libros del Kukurota y muy pronto te podrías convertir en un "crack" muy animal!

SOLUCIONES

1

2
 tigre  oveja  orangután  conejo

 león  erizo  guepardo  cebra

3
 tiranosaurio rex

4
1 b
2 b
3 b

Si te lo has pasado bien
con estas fieras,
no te pierdas el próximo libro...
...será todavía **MÁS ANIMAL**.

Libro realizado con licencia de la Corporació Catalana de Mitjans Audiovisuals, SA (CCMA, SA)
Basado en el programa *Kukurota*, producido por la CCMA, SA
Dirección: Sònia Sánchez, Jaume Sañé y Xavi Garcia

© Corporació Catalana de Mitjans Audiovisuals, SA
Coordinación TV3: Elena Goixens
Textos: Jaume Sañé y Cristina Broquetas

© dibujo tiranosaurio rex: Max Vento

© de esta edición, 9 Grup Editorial / Lectio Ediciones
C/ Muntaner, 200, ático 8ª – 08036 Barcelona
Tel.: 977 60 25 91 – 93 363 08 23
lectio@lectio.com
www.lectio.es

Primera edición: noviembre de 2016
Diseño y realización editorial: Carla Rossignoli

Queda rigurosamente prohibida, sin la autorización escrita de los titulares del copyright, bajo las sanciones establecidas en las leyes, la reproducción parcial o total de esta obra en cualquier medio o procedimiento, incluidos la reprografía y el tratamiento informático, y su distribución de ejemplares mediante alquiler o préstamo público.

ISBN: 978-84-16012-88-6
DL T 1383-2016
Impresión: Anman Gràfiques del Vallès, SL